# Ratus à l'hôpital

Une histoire de Jeanine et Jean Guion
illustrée par Olivier Vogel

HATIER

M. Tang
Ratus
Mamie Ratus
Les docteurs Hattand
(Anatole, Charles, Paul, Lucile)

Les personnages de l'histoire

*L'hôpital de Villeratus est imaginaire,*
*parole de rat vert !*

# 1

*Où Ratus est vraiment malade*

Un chien aboie dans le lointain, le museau tendu vers la pleine lune. Dans son lit, Ratus dort d'un sommeil agité.

– Au secours ! hurle-t-il tout à coup.

Un cauchemar l'a réveillé. Il ne se sent pas bien. Il prend son téléphone et compose le numéro de son voisin :

– Allô, Belo ? C'est moi… Ratus. Ça va pas… J'ai rêvé qu'un loup voulait me manger et j'ai mal au ventre.

– J'arrive, dit le grand-père chat.

Quand Belo entre dans la chambre, Ratus est assis sur son lit, les bras croisés sur le ventre, la tête penchée en avant.

– Je te trouve bien pâle, dit Belo en lui posant la main sur le front. Tu dois avoir de la fièvre. Marche un peu, pour voir…

Ratus se lève et avance, plié en deux.

– Tiens-toi droit ! dit gentiment Belo.

Ratus essaie de se redresser, mais il fait la grimace et se rassoit sur le bord du lit.

– J'ai trop mal au ventre, dit-il. Je peux pas…

– On dirait que tu as l'appendicite, dit Belo. Je vais appeler le service des urgences.

– Un *lapin dicite* ? demande Ratus, étonné. C'est quoi ? Un lapin dans mon ventre ?

– Pas un lapin ! corrige Belo en riant. L'appendicite. C'est une maladie grave. Mais je ne suis pas médecin, je peux me tromper…

Le grand-père chat compose le numéro de téléphone des urgences.

– Allô ? C'est pour Ratus le rat vert. Il a très mal au ventre…

– Si c'est un rat, répond le médecin de garde, appelez le vétérinaire !

Belo proteste :

– Mais c'est le rat vert !

– Vert ou rose, ça ne change rien ! Un rat, c'est un rat. Et un rat, ça se fait soigner chez le vétérinaire.

– Mais…

– Et d'abord, qui êtes-vous, vous ?

– Moi ? Je suis Belo.

– Connais pas !

– Belo, le grand-père chat.

Au téléphone, l'homme des urgences éclate de rire et demande :

– Vous vous moquez de moi ? C'est un chat qui veut faire soigner un rat ? Appelez un vétérinaire, je vous dis. On n'est pas dans un dessin animé, ici !

Et il raccroche brutalement.

Découragé, Belo compose le numéro une seconde fois, dans l'espoir que quelqu'un de plus aimable répondra. Mais c'est le même individu qui décroche. Alors, en désespoir de cause, le grand-père chat appelle les pompiers en expliquant à Ratus :

— Eux, ils te connaissent. Ils viendront…

Effectivement, le pompier de service reconnaît tout de suite la voix qui est au téléphone.

– Monsieur Belo, que se passe-t-il ? Ratus a encore mis le feu à sa cheminée ?

Pas du tout, répond le grand-père chat. Il est malade. Et je crois que c'est sérieux…

Le pompier donne l'alerte :

– On y va tout de suite avec l'ambulance.

Et cinq minutes plus tard, les secours arrivent.

– Salut, polisson ! dit un pompier. Alors, il paraît que tu es malade ?

Deux hommes couchent Ratus sur une civière et l'installent dans l'ambulance qui démarre aussitôt à vive allure.

– C'est grave, ce que j'ai ? demande le rat vert.

– Peut-être que oui.

– Alors il faut mettre la sirène, dit Ratus.

– Ce n'est pas la peine, on sera à l'hôpital dans cinq minutes… Et c'est la nuit !

– Je voudrais bien entendre la sirène quand même, insiste Ratus.

– Mais on va réveiller toute la ville !

– Ça fait rien. Je suis très malade et quand vous transportez un malade, vous devez mettre la sirène !

Le pompier ne veut pas céder :

– Pas question ! On ne met pas la sirène la nuit.

– C'est pas gentil ! pleurniche Ratus. Peut-être que je vais mourir parce que j'aurai pas eu la sirène…

– Bon, ça va, grogne le pompier. Tu veux du bruit, tu vas en avoir !

Et c'est ainsi que, pour la première fois, une

ambulance traverse Villeratus à trois heures du matin en faisant hurler sa sirène. Elle emmène Ratus à l'hôpital, un Ratus qui écoute le vacarme d'un air épanoui, ravi à l'idée de cette promenade bruyante dans l'ambulance des pompiers.

Mais le rat vert n'est pas au bout de ses surprises. Une voix crépite dans un haut-parleur.

– Ici, Joseph. Qu'est-ce que vous fabriquez avec votre sirène ? On a déjà eu trois plaintes.

– C'est un cas grave, répond le pompier. On emmène Ratus à l'hôpital…

– Ratus ? Ça alors ! fait le gendarme. On vous rejoint et on vous escorte à moto.

Et deux minutes plus tard, l'ambulance des pompiers et deux motards foncent dans les rues de Villeratus, comme s'ils transportaient un ministre : ils conduisent le rat vert à l'hôpital !

# 2

*Où Ratus est aux urgences*

Les médecins du service des urgences font un bond en entendant les pompiers et les gendarmes. En pleine nuit ! Ça doit être vraiment grave. Ils abandonnent leurs cartes à jouer et se précipitent vers l'ambulance pour y découvrir avec stupeur un rat vert souriant qui tient la main de Belo.

– C'est qui, le malade ? le rat vert ou le chat à barbe ? demande un des joueurs.

Belo reconnaît la voix qui lui a répondu au téléphone.

– C'est le rat vert, répond le pompier. Le célèbre Ratus. Un bon copain…

– Un de vos copains ? s'étonne le médecin. Bon, puisque vous le connaissez, on va le soigner, mais juste pour vous faire plaisir. Parce qu'ici, normalement, on ne soigne pas les rats…

Les médecins couchent Ratus sur une table à roulettes et l'emmènent.

– Où as-tu mal ? lui demande l'un d'eux.

– Partout, répond Ratus. Surtout au ventre. Là !

Il pose l'index sur son nombril.

– Et je ne peux pas marcher debout.

Il essaie de se lever pour montrer comment il se déplace plié en deux, mais il glisse de la table sur laquelle il était installé et tombe.

– Aïe ! crie-t-il. Maintenant, j'ai aussi mal aux genoux.

– Gertrude va s'occuper de toi.

Le médecin appelle une infirmière qui met un thermomètre sous la langue de Ratus et s'en va en disant :

– Je reviens.

Mais vingt minutes plus tard, elle n'est toujours pas de retour.

– Mmmmm ! Mmmmm ! crie Ratus.

– J'arrive ! crie l'infirmière depuis une chambre voisine.

– Mmmmm ! Mmmmm ! continue de crier Ratus. J'veux…

Trop tard. Il crache le thermomètre et rejette tout ce qu'il a dans l'estomac. Il pleure et gémit :

– J'ai mal au ventre…

Gertrude passe la tête par la porte :

– Mais, c'est qu'il est vraiment malade !

*Qui a l'idée de faire une gargouilloscopie à Ratus ?*

En moins de temps qu'il ne faut pour le dire, elle déshabille Ratus, lui passe une chemise de nuit d'hôpital, le charge sur un nouveau lit à roulettes et le conduit dans une salle marquée « Grosses urgences » où trois médecins attendent les malades en bavardant. Ce sont les célèbres frères Hattand, chirurgiens de l'hôpital de Villeratus.

Le plus grand, qui a pour prénom Paul, tâte le nez de Ratus, lui appuie sur le ventre et déclare :

– Il est mal en point. Il faut lui faire un lavage d'estomac.

Le plus vieux, Anatole, ajoute après avoir tapé sur les genoux de Ratus avec un petit marteau en caoutchouc :

– Il faut aussi lui faire un électrocardio-
gramme et une scanographie. C'est plus prudent. 1

Le troisième, Charles, se ronge les ongles puis décide :

– Il faudra aussi lui mettre un suppositoire…

– … sans oublier une radio des poumons et une prise de sang, complète Gertrude.

– Est-ce qu'on lui fait aussi une gargouillo-
scopie ? demande une jeune infirmière qui passait 2
par là.

– Une gargouilloscopie ? fait Charles en se grattant la tête pour mieux réfléchir. Ça peut toujours servir. Mais, l'important, c'est de l'opérer tout de suite après le suppositoire. On fera les analyses plus tard, pour vérifier.

Il explique d'un ton sentencieux : 3

– Si on ouvre, on saura tout de suite ce qui ne va pas. On gagne du temps.

Il se gratte le nez et conclut :

– Il faut ajouter un lavement avant l'opération, pour que tout l'intérieur soit bien propre. Et dès qu'il est propre dedans, on ouvre.

– Je ne suis pas du tout de cet avis, mon cher frère, dit Paul. Il faut en premier lieu faire tous les examens qu'on vient d'énumérer de façon à savoir ce qu'il faut enlever quand on l'ouvrira.

Charles a l'habitude de ne pas contrarier son frère. Aussi déclare-t-il :

– Ah, bon ! Si tu le dis, c'est que tu as raison. Après tout, on peut attendre demain pour ouvrir.

– Vous êtes obligés de m'ouvrir ? demande Ratus d'une petite voix timide.

Il voudrait bien protester parce qu'il n'a pas du tout envie qu'on lui ouvre le ventre. Mais il est impressionné par les docteurs Hattand qui portent des blouses de savants et qu'on voit souvent à la télévision de Villeratus dans des émissions consacrées aux maladies graves.

– Bon, Gertrude va s'occuper de tout ça, conclut le vieil Anatole. On ouvrira demain. Paul a raison. D'ailleurs, il se fait tard et on a besoin de dormir. Le malade a l'air costaud. Il tiendra bien la nuit.

Il se penche vers Ratus et lui dit d'un ton gentil :

– T'inquiète pas, petit. Gertrude, c'est une bonne infirmière. La meilleure de toutes.

Sur ce, les médecins s'en vont et laissent le pauvre rat vert en compagnie de l'infirmière qui lui avait mis le thermomètre dans la bouche et l'avait ensuite oublié…

– Je veux Belo, réclame Ratus.

– Pas question ! fait Gertrude d'un ton sec. Ici, ce sont les grosses urgences. Personne n'entre. Sauf les infirmières et les médecins.

– Mais…

– Y'a pas de mais qui compte ! gronde-t-elle en quittant la salle.

Ratus se sent faible, mais il veut voir le grand-père chat, lui parler, lui faire un câlin, alors il trouve la force de se lever. Il va jusqu'à la porte, plié en deux par la douleur, et jette un coup d'œil dans le couloir.

Comme il ne voit personne, il se précipite vers une porte vitrée surmontée d'un panneau lumineux indiquant la sortie. Quelques chaises sont alignées le long d'un mur décoré de dessins d'enfants. Belo est là, qui attend, le regard soucieux. Ratus se précipite dans ses bras et éclate en sanglots.

– Ma maison… J'veux retourner dans ma maison… Ils veulent m'ouvrir…

# 3

*Où Ratus a peur des piqûres*

Belo serre tendrement Ratus dans ses bras et lui explique gentiment qu'il doit se laisser soigner.

– Tu es malade, il faut que tu fasses confiance aux médecins. Ils vont te guérir. Tu verras, ils s'occuperont bien de toi.

– Pas Gertrude, soupire Ratus. Elle est méchante… Et le Dr Charles Hattand ! Il se gratte le nez… Si Mamie Ratus le voyait, elle lui taperait sur les doigts ! J'ai peur…

Ratus a sommeil. Près de Belo, son ventre lui fait un peu moins mal. Il ferme les yeux, quand un pas et une voix énergiques le font sursauter.

– Où est passé le rat vert qui avait mal au ventre ? Il est au bloc ?

– C'est quoi, le bloc ? demande Ratus à voix basse, effrayé par ce mot.

– Le bloc opératoire. C'est la salle où les chirurgiens opèrent, explique Belo.

Gertrude fait irruption dans l'entrée des urgences et se campe devant Belo, les poings sur les hanches.

– Qu'est-ce que c'est que cette histoire, gronde-t-elle. Vous enlevez nos malades ?

– Soyez gentille avec lui, dit Belo. C'est un bon petit… et il est malade.

– Les malades, c'est mon métier, pas le vôtre ! réplique-t-elle sèchement. Et en plus, je suis toujours gentille, moi !

Elle saisit le rat vert par le bras et le traîne jusqu'à son lit.

– Pauvre Ratus, soupire Belo. Je vais prévenir sa grand-mère. Et Victor aussi.

Pendant que Belo téléphone, Gertrude a installé Ratus sur une table d'auscultation. Elle commence à regarder dans son oreille avec une sorte de pistolet qui mesure la température, puis entreprend de lui faire une prise de sang, ce à quoi le rat vert s'oppose de toutes ses forces dès qu'il aperçoit la seringue.

– Le pistolet dans l'oreille, j'veux bien, fait Ratus. Mais pas la piqûre !

Gertrude a beau expliquer que l'analyse du

sang permettra de savoir quel organe est malade, rien n'y fait. Ratus se secoue comme un beau diable, bat des bras et des jambes, et, par ses mouvements désordonnés, empêche l'infirmière d'utiliser sa seringue.

– J'veux pas de piqûre ! répète-t-il.

Gertrude commence à perdre patience.

– Alors, gros malin, comment veux-tu qu'on te soigne ?

– J'veux pas de piqûre ! dit-il une dernière fois.

Puis, de l'air de quelqu'un qui sait de quoi il parle :

– J'veux une gargouilloscopie !

– Mais… tu ne sais pas ce que c'est…

– Si, si. J'veux une gargouilloscopie !

– Il faut faire trois piqûres, pour une gargouilloscopie ! rétorque aussitôt Gertrude.

Là, le rat vert hésite. Il se dit que l'infirmière doit sûrement inventer le coup des trois piqûres. Mais si c'était vrai ? Trois piqûres, ça doit être terrible ! Ratus hésite : une piqûre maintenant ou trois piqûres plus tard ? Il pense qu'il vaut mieux remettre les piqûres à plus tard et qu'avec un peu de chance, il y échappera. Aussi annonce-t-il d'une voix qui se veut assurée :

*Qu'est-ce que l'infirmière essaie de faire à Ratus ?*

– J'aime mieux une gargouilloscopie avec trois piqûres !

L'infirmière a perçu les hésitations de Ratus, aussi lui dit-elle d'un ton patelin : 4

– C'est que la gargouilloscopie, ça ne se fait pas avec une petite seringue ! Je vais te montrer…

Elle fouille dans un placard et en sort une énorme seringue métallique, que l'on ne voit plus guère que dans les musées ou chez les collectionneurs.

– Tiens, regarde : voilà la seringue pour la gargouilloscopie.

Ratus s'est assis sur la table d'auscultation et regarde fixement l'engin, comme hypnotisé par 5
lui.

– Trois piqûres avec cette seringue ! s'exclame le rat vert épouvanté.

– Trois piqûres avec cette seringue ! répète l'infirmière. Une, deux, trois. Et je ne te montre pas l'aiguille qui est au bout, ça te ferait peur.

Ratus tente encore de marchander un peu, mais le cœur n'y est plus.

– La gargouilloscopie avec une petite seringue, c'est pas possible ?

Finalement, il se laisse retomber en arrière sur la

table, abattu par de si terribles perspectives. Gertrude en profite pour lui faire sa piqûre, et, comme elle est habile, Ratus s'en aperçoit à peine.

– Ça y est, c'est fini ! annonce-t-elle. Maintenant, je te mène à la radio.

– On va écouter de la musique ? demande Ratus d'une voix faible.

– Mais non, nigaud. On va regarder tes poumons, ton estomac, ton foie, ton pancréas, ta vésicule…

– J'veux pas qu'on regarde ma vésicule ! proteste Ratus. Ni mes poumons, ni le reste. J'veux pas qu'on regarde dans mon ventre !

– Et si on ne regarde pas, comment fera-t-on pour te soigner ? demande l'infirmière. Il faut bien qu'on regarde si on veut savoir ce que tu as !

– Moi, je le sais ! fait Ratus, sûr de lui. C'est mon tuyau à fromages qui est malade.

Sur ces fortes paroles, il ferme les yeux et fait semblant de s'endormir.

L'infirmière en profite pour appuyer doucement sur le ventre du rat vert, juste pour voir s'il a mal. Comme Ratus ne réagit pas et s'applique à ne pas bouger, elle en déduit qu'il va mieux et qu'il n'est pas nécessaire de faire la radio tout de suite. Étant très fatiguée par sa nuit de garde, elle décide d'aller se reposer sur la banquette située dans le couloir.

À peine Gertrude est-elle partie que Ratus ouvre un œil. Il se lève péniblement et descend de son lit en faisant la grimace car son ventre le fait à nouveau souffrir. Il soulève le rideau qui ferme la petite salle où il se trouve et aperçoit l'infirmière qui dort déjà, assise, le menton sur la poitrine.

Sur la pointe des pieds, il se dirige vers le placard, l'ouvre avec précaution et en sort l'énorme seringue métallique qu'il remplit d'eau au robinet. Il grimpe alors sur son lit, vise par-dessus le rideau et appuie de toutes ses forces sur le piston. Un puissant jet d'eau en jaillit et retombe en pluie sur l'infirmière.

Le temps que Gertrude comprenne ce qui lui arrive, Ratus s'est recouché, la seringue cachée sous son drap. Quand l'infirmière, soupçonneuse, soulève le rideau, elle voit un rat vert immobile, profondément endormi et sage comme une image.

– Il doit y avoir une gouttière, ronchonne-t-elle. Ou un tuyau d'eau encore percé. Quel hôpital ! Il part en morceaux… Un de ces jours, les plafonds vont tomber sur la tête des malades… Le matériel est ancien… Et les médecins ? Paul est doué, mais Anatole est gâteux et Charles est nul ! La seule chose qu'il sait faire, c'est se gratter… Quel hôpital ! Heureusement que je suis là !

Elle change de banquette et se rendort tandis que Ratus, tout de même un peu inquiet par ce qu'il vient d'entendre, va ranger en silence
l'antique seringue dans le placard. 6

« Elle a voulu me piquer, pense-t-il. Eh bien, moi, je l'ai arrosée ! »

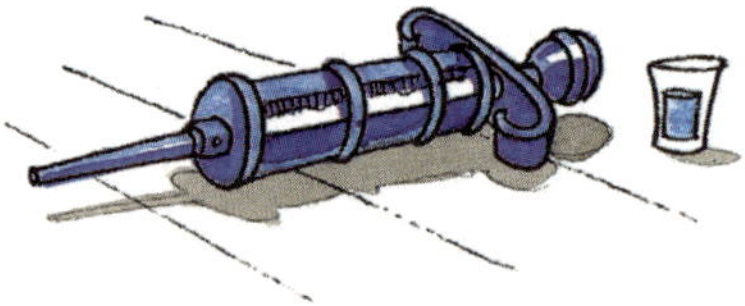

# 4

*Où Ratus est transporté sur un fauteuil bancal*

Quand Ratus se réveille après un sommeil agité, il y a beaucoup de bruit dans le couloir des urgences.

– J'veux déjeuner ! crie Ratus.

Mais personne ne lui répond. Les pompiers ont amené les victimes de deux accidents de la route. Médecins et infirmières sont très occupés.

– J'ai faim ! J'veux déjeuner !

Toujours aucune réponse :

– Et en plus, j'ai mal au ventre ! Et mon front est tout chaud !

C'est finalement Gertrude qui soulève le rideau et annonce d'une voix sèche :

– Bon, ça suffit. On va s'occuper de toi. Je t'envoie quelqu'un.

Effectivement, quelques minutes plus tard, arrive un petit bonhomme qui se tient bien droit pour paraître le plus grand possible. Il est large d'épaules, plutôt musclé et pousse une espèce de vieux fauteuil métallique à roulettes, à demi piqué par la rouille.

– Moi, c'est Aldo ! annonce-t-il d'une voix grave. Je t'emmène.

– Où on va ? demande le rat vert. On va déjeuner ?

Sans répondre, Aldo installe Ratus sur le vieux fauteuil et l'enveloppe dans une couverture imperméable.

– Vous allez me couper les cheveux ? s'inquiète Ratus, à qui cette couverture rappelle une des blouses avec laquelle M. Arthur le coiffeur protège ses clients.

– Je ne suis pas coiffeur ! ricane Aldo. C'est pour que tu n'aies pas froid.

– On va dehors ? lui demande Ratus, très étonné.

– Oui, pour une petite promenade. La cantine est dans le bâtiment Z. Ici, c'est le bâtiment A. Alors, je t'emmène de A jusqu'à Z !

– C'est un grand hôpital ! fait Ratus. Alors, on mange à Z ?

– Oui.

– Et de A jusqu'à Z, c'est loin ?

– Un quart d'heure, si on marche normalement. Mais avec moi, on y sera en cinq minutes. Tu vas voir ! Je suis sportif. Je fais de la musculation tous les matins et tous les soirs.

Il montre ses biceps à Ratus qui fait semblant d'apprécier, et qui, par prudence, ne dit surtout pas que la musculature de Victor est nettement plus impressionnante. Persuadé qu'il est admiré, Aldo, le champion du fauteuil à roulettes, continue à parler tout en attachant Ratus au siège avec une sorte de ceinture de sécurité.

– Avec moi, c'est même pas nécessaire de mettre la ceinture… Mais le règlement, c'est le règlement ! Pas vrai ?

Voyant la mine inquiète de Ratus, il cherche à le rassurer :

– Je suis le meilleur de l'hôpital à la course de chariots. En un an, je n'ai renversé que trois malades. Et encore, j'ai glissé parce qu'il pleuvait !

– Et il pleut, aujourd'hui ? demande Ratus.

– Euh… oui, mais tu ne risques rien avec moi. J'ai un collègue qui en a déjà éjecté douze, dont deux dans le massif de rosiers. Il faut dire qu'il y a un virage dangereux…

Tout en bavardant, Aldo se met en position et pousse un grand coup le fauteuil qui démarre

*Où Aldo mène-t-il Ratus ?*

dans une série de hoquets, à cause d'une roue voilée. Ratus s'accroche aux bras métalliques et 7
serre les dents, un peu parce que son ventre le tiraille, mais surtout parce qu'il a peur d'être projeté dans les rosiers…

– Ils m'ont encore donné celui qui a une roue tordue, grogne le champion du chariot. Ils le font exprès, pour m'embêter…

Il se penche vers Ratus :

– Ça ne fait rien, petit, on va tout de même essayer de faire le trajet en moins de cinq minutes.

Et il s'élance au petit trot, poussant devant lui son chariot bancal.

– Aïe, aïe, aïe ! crie Ratus. Mon ventre !

Le pauvre rat vert en a les larmes aux yeux, mais Aldo, plus soucieux de sa performance que de son malade, ne s'en aperçoit pas. Ils arrivent en guère plus de quatre minutes devant un bâtiment dont la porte est surmontée d'un panneau qui indique : « RADIOGRAPHIES ».

– Mais… c'est pas la cantine ! gémit Ratus.

– Eh, non ! fait l'athlète. Aujourd'hui, tu ne manges pas. Comme tu es à jeun, on pourra voir ce qu'il y a dans ton ventre.

– Ben, on verra rien, dit Ratus, puisque mon ventre est vide ! C'est idiot. Il faut d'abord que j'aille à la cantine.

Une infirmière arrive, pousse Ratus à côté d'un radiateur et le laisse sur son chariot bancal, bien emmitouflé dans la couverture.

– Attends-moi là.

– J'ai faim, dit Ratus. Et j'ai mal au ventre…

– Je sais, fait l'infirmière.

– Et j'ai chaud…

– Arrête de te plaindre !

Elle s'en va et revient une heure plus tard. Ratus est en nage. L'infirmière lui pose la main sur le front, pense qu'il doit avoir de la fièvre.

– Viens, dit-elle, on va passer le scanner.

Elle pousse Ratus, toujours assis sur son chariot hoquetant, et le conduit dans une pièce où est installée une étrange machine qui produit un sifflement bizarre. Un radiologue retire la couverture qui enveloppe son malade.

– J'ai froid ! proteste Ratus.

– Mais non, fait le radiologue. La machine n'a pas froid, elle. Alors, toi non plus.

L'homme du scanner explique au rat vert que c'est une bonne machine, certes un peu ancienne, mais qui marche parfaitement bien, et même mieux que toutes les machines modernes qu'on fabrique aujourd'hui et qui ne sont pas solides.

– Elle n'a qu'un seul point faible, dit-il, c'est qu'elle craint la chaleur. À partir de quatorze degrés, le système informatique qui la commande tombe en panne. Alors, on laisse la pièce à douze degrés… Mais les malades ne craignent pas le froid. Quoi qu'il en soit, ils sont déjà malades d'autre chose… alors, ça de plus ou de moins…

Il montre trois grands verres pleins d'un liquide rose :

– Tiens, bois ! Ça fera ton déjeuner…

Il aide son patient à ingurgiter ses verres de mixture.

– C'est pas bon ! se plaint Ratus.

– Je sais, dit le radiologue, mais c'est nécessaire pour l'examen. Maintenant, allonge-toi sur cette table, que je te fasse la piqûre.

Le plus étonnant, c'est que Ratus ne réagit pas et se laisse faire. Tout nu dans cette pièce glaciale, l'estomac gonflé par l'infect breuvage qu'il vient d'avaler, des douleurs lancinantes dans le ventre, le pauvre rat vert n'a plus la force de réagir. Il obéit. Au fur et à mesure que le liquide injecté pénètre dans son corps, il sent une bouffée de chaleur l'envahir.

– Je vais mourir ? demande-t-il avec anxiété.

– Mais non, fait le radiologue. Tu vas juste me montrer ce qu'il y a dans ton ventre.

Et Ratus ne proteste même plus à cette idée. Comme le médecin appuie sur un bouton, la table où est couché le rat vert se met en mouvement avec des grincements inquiétants et s'engage dans une sorte de tunnel. Le pauvre Ratus, gelé et terrorisé, ferme les yeux et se laisse faire, mais de grosses larmes coulent sur ses joues.

– Ma Mamie, murmure-t-il, je le dirai à ma Mamie…

# 5

*Où Ratus est préparé pour l'opération*

Aldo l'athlète est revenu chercher Ratus et, avec son chariot bancal, il le conduit dans la chambre numéro 7 du bâtiment de chirurgie. C'est une chambre à deux lits, où dort un vieux monsieur qui vient juste d'être opéré. Une infirmière est à côté de lui et vérifie le goutte-à-goutte auquel il est relié.

– À quoi ça sert, tous ces tuyaux ? demande le rat vert pendant qu'on l'installe dans le lit qui est libre.

– À le nourrir, répond l'infirmière.

– Et où vont les tuyaux ?

– Dans ses veines.

– Des tuyaux, je vais en avoir moi aussi ?

– Bien sûr !

Ratus réfléchit et conclut :

– Alors, vous mettrez mon fromage dans les tuyaux et il ira directement dans mes veines.

L'infirmière ne répond pas et sourit à son

nouveau malade. Elle a l'air gentille et explique au rat vert qu'il est dans le service de chirurgie parce qu'on va l'opérer. Elle lui prend sa température, sa tension, mesure son pouls et remplit une grande feuille quadrillée qu'elle affiche sur un tableau accroché au pied du lit.

– Il faut écrire que j'ai une *zallergie* à la pénicilline, dit le rat vert. Une fois, un médecin m'en a donné. Je suis devenu tout rouge et j'ai presque étouffé.

En grosses lettres, l'infirmière note dans le dossier de Ratus : ALLERGIE À LA PÉNICILLINE. L'installation du malade terminée, elle s'apprête à sortir quand un groupe de personnes en blouses blanches entre dans la pièce. Parmi elles, Ratus reconnaît les trois frères Hattand des urgences, Gertrude et l'infirmière débutante qui avait proposé la gargouilloscopie.

– Il faut l'ouvrir tout de suite, dit Charles en se grattant l'oreille droite d'un index énergique.

Anatole Hattand demande si on a les résultats des examens passés par Ratus, tandis que Paul se penche sur le ventre du rat vert et le palpe avec précaution.

– Je penche pour une péritonite, dit-il.

– Une *paire tonique* ? demande Ratus qui ne connaît pas ce mot. C'est pas un *lapin dicite* ?

– Si, mais en plus grave, répond le chirurgien. Il faut qu'on t'opère d'urgence, mais tu ne sentiras rien…

– Je vous l'avais bien dit qu'il fallait l'ouvrir tout de suite, grogne Charles tout en se grattant l'autre oreille. Au fait, on lui a mis son suppositoire ?

– Pas encore, répond Gertrude.

– Préparez-le pour l'opération, ordonne le docteur Paul Hattand aux infirmières.

À ce moment-là, quelqu'un entre dans la chambre de Ratus et s'adresse aux médecins. Il se présente en quelques mots :

– Georges Bugadout, représentant.

Il enchaîne aussitôt :

– J'ai entendu que vous alliez opérer ce jeune malade. Ça tombe bien. Les laboratoires que je représente ont mis au point un nouvel anesthésique. Il a été testé sur des éléphants qui, grâce à ce nouveau produit, s'endorment en moins de deux secondes et se réveillent frais et dispos comme s'ils venaient de faire une petite sieste.

Il reprend son souffle :

– Je représente aussi les Coutelleries du Folklore qui fabriquent des bistouris entièrement faits à la main et d'une précision incroyable. Je peux aussi vous vendre du fil à repriser les ventres et qui font de superbes cicatrices…

C'est alors que deux grands infirmiers du service de psychiatrie entrent en trombe et se saisissent du faux représentant.

– Voyons, Georges, dit le premier, tu ne peux pas laisser les chirurgiens tranquilles ?

– Il nous a échappé, dit le second. Il n'est pas dangereux. Juste la manie du commerce… Dès qu'il voit quelqu'un, il veut lui vendre quelque chose. Commandez-lui un ou deux bistouris, juste pour lui faire plaisir. Il va noter ça sur son carnet et retournera dans sa chambre tout heureux.

– Eh bien, Georges, dit le vieux chirurgien, commandez-moi donc un gros bistouri modèle spécial pour très gros ventres.

Georges, radieux, inscrit soigneusement la commande du bistouri gros modèle sur son carnet.

– Moi, je vous commande trente kilos de fromage ! dit Ratus.

– Hourra ! crie Georges. C'est la plus grosse commande que j'aie jamais eue.

Et là-dessus, épanoui, il regagne le service de psychiatrie, encadré par ses deux infirmiers.

Les médecins le regardent partir en riant, puis s'en vont en annonçant à Ratus la visite d'un autre spécialiste, l'anesthésiste, qui ne tarde d'ailleurs pas à arriver. C'est un homme de taille moyenne, le dos voûté, l'air triste.

– Alors, c'est toi que je vais endormir ?

– Euh… oui, fait Ratus.

– Pauvre vieux, va… Bon… Je m'appelle Troupi. Docteur Hector Troupi. Voyons voir… Je vais t'endormir et après je te réveillerai, si tout va bien… Voyons voir… T'es en bonne santé ?

– Ben, non ! fait le rat vert, puisque je suis à l'hôpital.

– C'est juste. Je veux dire… Euh… T'es en bonne santé quand tu n'es pas malade ?

– Ben, oui ! fait Ratus. Forcément. Quand je ne suis pas malade, je suis en bonne santé.

– Très bien, fait Troupi. Et où sont les radios qu'on t'a faites tout à l'heure ?

– J'sais pas…

– Bah, on s'en passera. Côté cœur, ça va ?

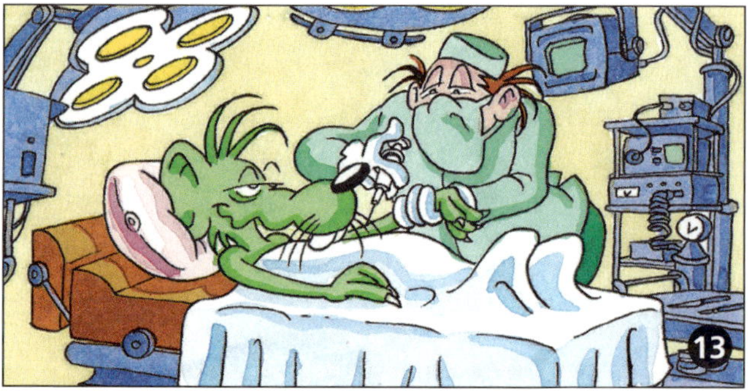

*Comment l'anesthésiste va-t-il endormir Ratus ?*

– Euh… je crois.

L'anesthésiste se penche et pose son oreille sur la poitrine du rat vert. Il écoute pendant quelques secondes, puis déclare d'un air triste :

– J'avais un appareil pour écouter ton cœur, mais il est cassé… C'est pas grave… À l'oreille, tout va bien… On t'a déjà endormi ?

– Une fois, on m'a tapé sur la tête et je me suis endormi… mais après je me suis réveillé…

– C'est l'essentiel, fait Troupi. Tout est donc parfait. Je vais pouvoir t'endormir à mon tour.

– Vous allez aussi me taper sur la tête pour m'endormir ? demande Ratus.

– Non…

– Alors, vous allez m'endormir avec quoi ?

– Bof… Ça dépend de ce que j'aurai sous la main… Mais n'aie pas peur. Jusqu'à maintenant, tous ceux que j'ai endormis se sont réveillés. J'ai toujours eu de la chance…

Sur ces paroles, l'anesthésiste s'en va en traînant les pieds, laissant Ratus mort d'inquiétude. La porte à peine fermée, le rat vert entend une voix rassurante à côté de lui. C'est son voisin de lit :

– Ne t'en fais pas, petit… Dans mon pays, la Chine, on dit : « Laisse faire, tout s'arrangera. »

# 6

*Où Ratus ne peut pas être inscrit à l'hôpital*

L'après-midi, quand Belo arrive dans la chambre numéro 7, à l'heure des visites, il trouve le lit de Ratus vide. On lui apprend que le jeune malade est entré en salle d'opération il y a deux heures, que tout s'est bien passé, qu'il est même déjà en train de se réveiller et qu'il va bientôt revenir.

Rassuré, le grand-père chat en profite pour se rendre au bureau d'accueil afin de faire enregistrer l'arrivée de Ratus. On lui avait justement dit de passer dans l'après-midi.

– Je viens pour remplir les papiers d'un malade qui est entré cette nuit en urgence.

– Si c'est une urgence, voyez le responsable.

– Où puis-je le rencontrer ? demande poliment Belo.

– Il est sorti.

– Alors, je vais attendre qu'il revienne.

– Vous pouvez attendre longtemps, ricane

l'employée. Il ne rentrera pas ce soir.

– Alors, je le verrai demain.

– Demain, c'est son jour de congé.

– Eh bien, après-demain.

– Après-demain, c'est mercredi. Il est à un congrès. Il sera là jeudi, entre 10 heures et midi.

Belo demande à rencontrer quelqu'un d'autre.

– Impossible, répond la préposée. C'est lui qui enregistre les urgences. Lui seul ! C'est le chef.

Puis, comme elle trouve Belo gentil et poli, elle ajoute :

– Attendez, je vérifie qu'il est bien là jeudi matin.

Et elle hurle à la cantonade :

– Hé ! Josette ! Gérard, il sera là jeudi matin ?

– Les bureaux sont fermés jeudi matin. C'est la visite médicale du personnel. Et jeudi après-midi, on passe la radio.

– Et vendredi ?

Vendredi, vendredi...

Elle feuillette un agenda :

– Il est à l'extérieur. Il faut revenir lundi.

Voyant que l'hôpital n'est pas pressé, Belo se dit qu'il a bien le temps de remplir les documents administratifs des entrées en urgence.

« L'essentiel, pense-t-il, est que Ratus soit entre les mains des médecins. Les paperasses passeront après. »

Il remercie l'employée pour son aide et retourne d'un bon pas dans le service de chirurgie, de peur de ne pas être là quand Ratus sera ramené dans sa chambre. Au moment où il pousse la porte pour entrer dans le bâtiment, il entend des cris :

– Qui a autorisé quelqu'un à ouvrir le ventre de mon petit ratounet ?

C'est Mamie Ratus ! Elle va et vient dans le couloir en hurlant et en gesticulant.

– C'est un scandale ! Ouvrir le ventre d'un enfant sans même demander l'autorisation de sa grand-mère ! Ils vont entendre parler de moi !

Entre deux menaces, elle aperçoit le grand-père chat :

– Oh, monsieur Belo. Vous vous rendez compte de ce qu'ils ont fait à mon petit Ratus ?

– Ils le soignent, explique le grand-père chat.

– Mais ils lui ont ouvert le ventre !

Et Belo répète patiemment à Mamie Ratus tout ce qu'il lui a déjà raconté au téléphone. La grand-mère du rat vert finit par se calmer et accepte de s'asseoir devant la chambre numéro 7 pour attendre le retour de Ratus.

Tout à coup, la voix d'une infirmière en colère la fait sursauter. C'est Gertrude.

– Fiche-moi la paix avec ton fromage !

Sur le lit qu'elle pousse, Ratus, mal réveillé, abruti par l'anesthésie, grogne et répète :

– J'veux du fromage…

– Quel casse-pieds ! se plaint l'infirmière.

Et comme pour lui donner raison, Ratus continue :

– J'veux du fromage… J'veux du fromage…

– Tout de suite, mon petit chéri, s'empresse de répondre Mamie Ratus en se précipitant vers la sortie à la recherche d'un magasin.

Belo essaie bien de la rattraper :

– Ne faites pas ça, vous allez le rendre malade.

Mais en vain.

– Il ne faut pas qu'il mange sans l'autorisation des médecins, dit l'infirmière.

Rien n'y fait. Mamie Ratus ne veut pas entendre raison et, une demi-heure plus tard, elle revient avec un joli panier enrubanné où sont disposés une douzaine de fromages : camembert, brie, gruyère, roquefort, munster, petits crottins de chèvre et bien d'autres.

– Ça sent le fromage, dit le voisin de lit du rat vert. Il ne faut pas manger tout de suite après une opération. Dans mon pays, la Chine, on dit…

– De quoi j'me mêle ? riposte Mamie Ratus.

Du fond de son lit, le vieil homme se confond en excuses. Il dit que les drogues qu'on lui a administrées pour l'intervention chirurgicale lui ont fait perdre la raison, qu'il ne se serait jamais permis, lui, M. Tang, une telle remarque dans son état normal et pour bien montrer son regret, il cache son visage sous sa couverture.

– Quel charmant homme, se dit Mamie Ratus.

Et c'est maintenant à elle de s'excuser, d'expliquer que le souci de savoir son petit-fils malade la rend nerveuse et qu'elle en est désolée. Le vieux monsieur écarte le drap de son visage et dit doucement à Mamie Ratus :

– Vous savez, ce petit rat vert est très courageux. Il est plein de vie et d'intelligence. Je sens qu'il va guérir très vite, quoique…

– Que voulez-vous dire ? s'inquiète la grand-mère.

– Je vais vous raconter pourquoi je suis ici et vous comprendrez ce que je veux dire. Il y a un mois, j'ai été opéré de l'appendicite. Après l'opération, j'allais de plus en plus mal. Je ne pouvais pas me lever tellement je souffrais. Il y a quinze jours, mon médecin de famille a demandé que je passe une radio du ventre.

– Et après ? demande Mamie Ratus, passionnée par le récit de M. Tang.

– Il n'y a pas eu de radio ! L'appareil était en panne… et le spécialiste des réparations était au bord de la mer. Finalement, il est rentré de vacances hier matin. Il a réparé la machine et j'ai pu passer la radio. Vous savez ce que j'avais ?

– Je ne peux pas le savoir, répond judicieusement Mamie Ratus. 13

– C'est vrai, soupire le malade. Vous ne pouvez même pas le deviner tellement c'est incroyable. Eh bien, le chirurgien avait oublié une pince dans mon ventre ! Bien sûr, ils l'ont vite enlevée et ne m'ont rien dit, mais je l'ai su par un étudiant en médecine qui est chinois comme moi et qui assistait à ma seconde opération.

Mamie Ratus tapote gentiment la main du vieux monsieur, compatit à ses misères et l'encourage à tenir bon.

– Vous allez guérir, maintenant… C'est fini…

Elle trouve M. Tang courageux et dit à Belo :

– Ah, si j'avais pu rencontrer un mari comme lui ! Je n'ai jamais eu de mari chinois.

Elle rêve un instant avant de conclure :

– Mais c'est trop tard. Celui-là est vraiment trop vieux !

Pendant que Mamie Ratus médite sur la sagesse chinoise, le rat vert s'est assoupi. Il sourit aux anges. Il a l'air heureux. Les produits qu'on lui administre par perfusion, associés à l'odeur de fromage qui flotte dans la chambre, ont sur lui un effet euphorisant. Aussi rêve-t-il qu'une infirmière jeune et gentille met du sirop de fromage dans sa perfusion et que ce breuvage magique le guérit.

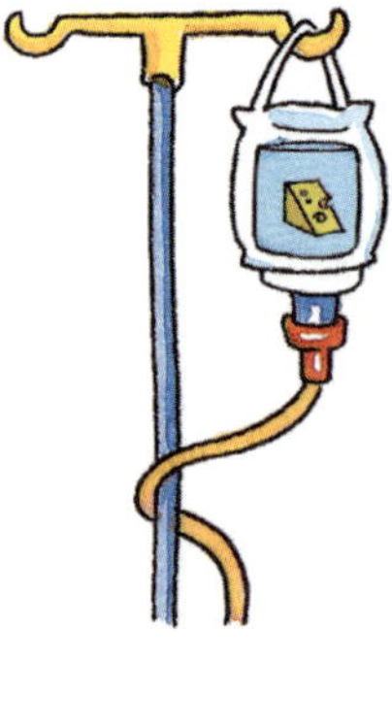

# 7

## *Où Ratus fait une rechute*

Le réveil de Ratus est, hélas ! plus pénible que prévu. Il a mal, il a faim, il a soif.

– J'veux encore du sirop de fromage, grogne-t-il.

En grand-mère énergique, Mamie Ratus ne supporte pas de voir son petit ratounet malade. Et comme, pour elle, le meilleur moyen d'être en bonne santé est de manger, elle se dépêche de donner un morceau de fromage à Ratus qui le mâche avec délice.

– Merci, Mamie… C'est bon… Encore…

– Il ne faut pas manger après l'opération, répète M. Tang. Le grand-père chat est d'accord avec moi sur ce point.

Oui, mais Belo est sorti pour téléphoner à Victor. Alors, Mamie Ratus ne se gêne pas pour dire au vieil homme ce qu'elle pense de ses conseils :

– Taratata et blablabla !

•••••

*Qu'est-ce que Mamie Ratus a donné à Ratus ?*

Avec l'aide de sa grand-mère, le rat vert engloutit la moitié du panier de fromages.

Le résultat ne se fait pas attendre. Ratus est pris de violents vomissements. Mamie Ratus cache vite ce qui reste du panier de fromages, nettoie Ratus, puis elle appelle Gertrude.

C'est la panique dans le service ! En quelques minutes, une douzaine de médecins, d'internes et d'infirmières s'entassent dans la chambre du rat vert.

– Vous croyez qu'on a encore oublié quelque chose avant de refermer ? demande Charles Hattand, en se grattant avec un cure-dents.

– Impossible, répond Gertrude. On a tout recompté. Il ne manquait rien.

Mamie Ratus écoute d'un air innocent quand un médecin, s'apercevant de sa présence, lui demande de sortir, ce qu'elle fait d'autant plus volontiers qu'elle ne se sent pas la conscience bien tranquille.

Au milieu de cette agitation, Ratus répète :

– J'ai mal au ventre… Mais j'veux du sirop de fromage.

– Il délire depuis longtemps ? demande Paul, le plus grand des frères Hattand.

– Je n'avais rien remarqué, répond Gertrude.

– Il a de la fièvre ?

On met le thermomètre-pistolet dans l'oreille de Ratus.

– Presque 40° ! annonce l'infirmière.

Les médecins se consultent, donnent chacun leur avis, mais n'arrivent pas à se mettre d'accord.

– Vu la gravité du cas, dit le vieil Anatole Hattand à ses frères, on va proposer chacun un traitement, et on lui donnera les trois à la fois. Ça lui fera beaucoup de médicaments à avaler, mais ça ne peut pas lui faire de mal !

C'est ainsi que le rat vert se retrouve avec trois antibiotiques, quatre seringues à injecter dans le sérum qu'il reçoit par perfusion et six cachets, pilules et gélules de couleurs variées à prendre matin, midi et soir. Au moment de sortir, Charles ajoute en se grattant le menton :

– Il lui faudrait aussi des petites pilules roses de tranquillisant. Et un suppositoire vert !

Là-dessus, ils quittent la chambre de Ratus et repartent vers leurs occupations habituelles.

# 8

*Où Ratus devient un rat rouge*

À la fin de la semaine, Belo n'a pas encore réussi à rencontrer le responsable des urgences. Ratus est toujours sous perfusion et avale tous les jours dix-huit cachets de toutes les couleurs, tandis que de nombreux liquides sont mêlés au sérum qu'on lui injecte dans les veines. Pour simplifier son travail, Gertrude a remplacé les trois antibiotiques par un seul et supprimé le suppositoire vert. Pour la plus grande joie de son malade, elle a ajouté une dose de fromage dans sa ration quotidienne. Depuis cette modification du traitement, Ratus semble aller mieux…

Son voisin, après avoir vu planer l'ombre de la mort sur son lit, peut maintenant se lever et marcher. Il a retrouvé une grande partie de ses forces, au point que Mamie Ratus se dit qu'après tout, il n'est pas si vieux que ça et pourrait tout de même faire un bon mari, d'autant qu'elle garde ses maris en général peu de temps. Une chose intrigue la grand-mère : le vieil homme semble avoir une santé à toute épreuve.

– Mais comment faites-vous pour guérir si vite ? lui demande-t-elle.

M. Tang prend un air mystérieux et répond :

– C'est grâce à un serpent ! Un jour, raconte-t-il, un de mes ancêtres, qui était paysan, travaillait la terre. Avec son outil, il blessa un serpent, mais il ne le tua pas, bien que ce serpent fût dangereux. Mon ancêtre était intelligent : il suivit le reptile et regarda ce qu'il faisait pour se soigner. Il l'observa et nota toutes les plantes qu'il mangeait et les herbes auxquelles il frottait sa blessure pour guérir. Avec ces plantes et ces herbes, mon ancêtre fit une tisane miraculeuse : le thé de longue vie qui est aujourd'hui célèbre et dont je bois tous les jours une tasse. C'est lui qui me donne la force de la jeunesse.

– Votre histoire est très jolie, dit la grand-mère. Je pourrais en boire, moi aussi ?

– Bien sûr, dit le vieil homme. Je vais vous donner une adresse où vous pourrez l'acheter.

Comme Ratus hoche la tête d'un air dubitatif, M. Tang lui demande :

– Tu ne crois pas à mon histoire ?

– Si, répond Ratus. Je l'aime bien. Mais c'est pas ça. Je crois que j'ai des boutons…

– Des quoi ? s'exclame Mamie Ratus en se penchant sur le rat vert qui soulève sa chemise pour montrer le haut de sa poitrine.

Belo se lève de sa chaise et s'approche :

– Ce sont bien des boutons.

Malheur ! Le corps du rat vert est couvert de plaques rouges. Belo appelle Gertrude.

– Que se passe-t-il ? demande l'infirmière.

– On vous a donné un rat vert, fait Mamie Ratus sèchement, vous nous le transformez en rat rouge !

Gertrude part en courant et revient avec les
frères Hattand, suivis d'une ribambelle d'internes 18
et d'infirmières.

– Ça alors ! fait le plus vieux des trois frères. Il a la rougeole.

– Ce n'est pas le suppositoire ! dit Charles. Un suppositoire vert, ça ne fait pas devenir rouge !

« D'autant qu'il ne l'a pas eu », pense Gertrude.

– Bizarre, dit le plus vieux. Ça te grattouille ?

Ratus fait oui de la tête, tout en précisant :

– Ça me chatouille aussi…

*D'après le docteur Paul Hattand,*
*qu'est-ce qui provoque les boutons de Ratus ?*

Charles essaie de plaisanter :

– Rouge, c'est plus joli que vert. Tu ressembles à une écrevisse dans son bouillon de cuisson.

Il est le seul à trouver ça drôle. Tout le monde regarde la poitrine du rat vert :

– Je suis cuit ? demande Ratus très inquiet.

Les médecins regardent la feuille de soins, consultent le dossier puis tout le monde sort dans le couloir sur un signe du docteur Paul Hattand. Un instant plus tard, il revient seul :

– Ce n'est pas grave… Ce sont les draps et la chemise de l'hôpital. Pour tuer les microbes, on utilise des produits de lavage très puissants et, parfois, ça donne des boutons. On va donc changer ta chemise, tes draps et tous tes boutons vont disparaître.

Il appelle deux aides-soignantes, leur donne des ordres, arrache une feuille du dossier de Ratus, la déchire en petits morceaux, puis s'en va. Une demi-heure plus tard, Ratus a de nouveaux draps, une nouvelle chemise et une nouvelle feuille dans son dossier.

– Ce ne sont pas les draps, dit M. Tang à Belo. J'ai entendu Ratus expliquer qu'il était allergique à la pénicilline. À mon avis, ils ont fait une bêtise et se sont trompés d'antibiotique.

Le rat vert, lui, n'écoute pas. Il examine ses draps en pensant à ce qu'a dit le Dr Hattand :

– Mamie, mes nouveaux draps et ma nouvelle chemise ne vont plus me donner de boutons ?

Mamie Ratus le rassure.

– Bien sûr que non, puisque le chirurgien te l'a dit.

Ratus poursuit :

– Alors, c'est qu'ils n'ont pas été lavés avec le produit puissant qui tue tous les microbes…

Il en conclut très logiquement :

– … et ils sont encore pleins des microbes des autres malades ! C'est dégoûtant !

# 9

*Où Ratus a la visite de deux curieux médecins*

Quelques jours plus tard, Ratus va mieux. Marou et Mina sont venus le voir.

– Salut, rat rouge ! dit Marou.

Tout fier, Ratus montre sa poitrine où subsistent encore quelques boutons.

– Je suis guéri, maintenant, affirme le rat vert. J'ai plus mal au ventre, je suis redevenu presque vert et je mange tout le fromage que ma grand-mère m'apporte.

– Alors, tu vas bientôt sortir, en conclut Mina.

– Sûrement, dit Ratus. L'infirmière m'enlève ma perfusion demain.

– Ça ne te fait pas mal ? demande Mina en regardant l'aiguille qui est fixée sur le bras de son ami.

Ratus assure que non, qu'il est courageux et qu'il n'a jamais pleuré.

– Tu comprends, ça sert à me donner à manger. Alors, c'est important.

Et il explique à Mina le fonctionnement d'une perfusion :

– En haut, y'a une poche avec des tuyaux qui vont directement dans mes veines. Dans la poche, ils mettent de l'eau, et dans l'eau, ils mettent des médicaments. Au début, je voulais pas de perfusion, alors ils m'ont dit qu'ils allaient mettre des bonnes choses dans l'eau : du sucre, du sirop de fromage… C'est pour ça que je guéris vite.

Le voisin de Ratus sourit en écoutant ces fantaisies.

– Ce n'est pas tout à fait exact, dit-il gentiment. Je vais vous expliquer ce qu'est vraiment une perfusion…

À ce moment-là, deux jeunes médecins entrent dans la chambre, des dossiers sous le bras. Ils regardent Ratus et se donnent un coup de coude.

– Vous êtes bien monsieur Ratus ?

Le rat vert répond affirmativement et raconte qu'il a été opéré d'un *lapin dicite* qui est devenu une *paire tonique.* Les deux débutants toussotent :

– Ce n'est pas tout à fait ça. Votre opération a été un peu plus délicate que prévu. On ne vous l'a pas dit ?

– Non, fait Ratus.

Et ils racontent qu'on lui a enlevé deux mètres de boyaux, que c'étaient des boyaux qui ne servaient à rien et que maintenant il aura un ventre bien plat. Ils ajoutent que s'il faisait attention à ce qu'il mange au lieu de se gaver de fromage et de frites, il ne serait pas aussi gros.

– Mais, mes boyaux… fait Ratus, assommé par la nouvelle. Je veux tous mes boyaux !

Les deux débutants prétendent alors que si les vaches ont un intestin plus long que les lions, c'est parce qu'elles ne s'arrêtent pas de manger et que, même quand elles ont fini de brouter, elles se mettent à ruminer pour faire semblant de manger encore. Ils en déduisent que Ratus, qui est toujours à grignoter du fromage, avait un intestin de vache et que c'était la raison de sa maladie.

– Maintenant, vous aurez un intestin de lion !

Pour le coup, Ratus est tout fier.

M. Tang hoche la tête, peu convaincu par ces explications. L'un des deux hommes en blouse blanche s'en rend compte et foudroie le vieillard du regard.

– Vous n'êtes pas d'accord ?

Il s'approche de lui, menaçant, le poing dans la

poche de sa blouse comme s'il tenait une arme.

– Euh… non ! Ça va… dit M. Tang.

Marou et Mina s'attendent au pire. Ils se font tout petits et tremblent de peur. Mais les deux hommes s'intéressent de nouveau à Ratus :

– Est-ce qu'on te soigne bien ? J'en doute… dit le premier en lisant la feuille de soins du rat vert.

– On va prendre en main ton traitement, dit le second. Somnifères, pilules roses…

– J'en prends déjà ! se dépêche de dire Ratus.

Le rat vert aurait mieux fait de se taire.

– Tu n'en prends pas assez ! grondent les deux hommes. On va s'occuper de toi !

Et ils jettent un coup d'œil dans le couloir.

– Il n'y a personne. On va te transférer dans un autre service. On sera plus tranquilles pour te soigner là-bas…

Là-dessus, devant Marou et Mina terrorisés, ils arrachent la perfusion de Ratus, débloquent les roues de son lit, le poussent dans le couloir et l'emmènent…

# 10

*Où Ratus a disparu et demeure introuvable*

Marou et Mina sont très inquiets, d'autant que Gertrude n'est pas au courant.

– Vous devriez appeler votre grand-père pour lui raconter ce qui se passe, dit M. Tang en montrant le téléphone qui est sur sa table de chevet. Il viendrait sûrement tout de suite.

Mais le téléphone de l'hôpital réserve des surprises…

– Allô ! fait Marou après avoir composé le numéro de Belo. Allô ! C'est Belo ?

– Non, c'est Belette, répond une voix ricanante.

Et Marou recommence :

– Allô !

– Bonjour ! fait une voix jeune et agréable. Ici le service des commandes de Super Markie, la grande épicerie de Villeratus. Ne quittez pas…

– Je ne veux pas commander de l'épicerie, dit Marou. Je veux parler à mon grand-père.

– Il travaille chez nous ? demande la voix.

– Non, répond Marou. J'appelle depuis l'hôpital. Ratus a été enlevé !

– Appelez la police, dit la voix. Super Markie ne peut rien faire pour vous.

Marou raccroche, découragé.

– À toi d'essayer, dit-il à sa sœur. J'abandonne. Tu auras peut-être plus de chance que moi.

Au moment où Mina s'apprête à décrocher le combiné, la sonnerie retentit.

– C'est sûrement pour toi, dit M. Tang. J'ai donné le numéro à ton grand-père.

– Allô, fait une voix. C'est Michounet ?

– Non, répond Mina. C'est Michounette !

Elle raccroche en riant.

– Ce téléphone doit être encore plus vieux que moi ! fait M. Tang avec un sourire malicieux.

Mina se dépêche de recomposer le numéro de Belo. Après avoir obtenu successivement un réparateur de vélos, M. Arthur le coiffeur, Mme Cancouette, l'association des bricoleurs du dimanche, un marchand de chats et un éleveur de poules, elle finit par entendre la voix de son grand-père.

– Viens vite, dit-elle. Ratus a été enlevé !

Le docteur Paul Hattand est très ennuyé quand Belo lui apprend que Ratus a disparu. Pour lui, le malade a sûrement été transféré dans un autre service.

– L'ennui, avoue-t-il, c'est que je ne sais pas lequel. Ce n'est pas précisé sur ma feuille.

Victor et Mamie Ratus ayant rejoint Belo, tous les trois vont se renseigner dans les différents bâtiments de l'hôpital. Une véritable enquête policière ! Mais personne n'a vu Ratus. Il est introuvable.

Au bureau des entrées, le responsable n'est toujours pas là. Belo demande à voir le directeur de l'hôpital. Ce dernier étant en vacances, on lui passe le sous-directeur adjoint qui cherche en vain le dossier du rat vert.

– Vous n'avez pas inscrit votre petit malade au moment de son arrivée, explique-t-il. Alors, pour nous, il n'existe pas.

– Je ne pouvais pas l'inscrire puisque le responsable est toujours absent ! dit sèchement Belo.

– C'est un homme qui travaille beaucoup, soupire le sous-directeur adjoint. Il ne peut pas être partout à la fois.

*Qui a été témoin de l'enlèvement de Ratus ?*

Belo sent la moutarde lui monter au nez.

– Ratus a été enlevé dans une chambre de votre hôpital ! Trois personnes étaient là au moment où c'est arrivé.

– Je vous répète que pour moi, Ratus n'existe pas, dit le sous-directeur adjoint.

D'habitude, Belo est patient. Mais là, il est franchement en colère :

– Je vais téléphoner à la police.

– La police ne pourra rien faire. Vous imaginez des policiers fouillant un hôpital ? C'est impossible. Je m'y opposerais…

– C'est ce qu'on va voir ! crie Belo, hors de lui.

Et il regagne la chambre numéro 7 où devrait se trouver le rat vert. Là, Mamie Ratus et Victor sont en grande conversation avec M. Tang qui leur raconte pour la troisième fois ce qu'il a vu.

– Ratus a été emmené par deux jeunes médecins. Ils ont dit lui avoir enlevé deux mètres de boyaux ! Ils ont parlé d'un autre service, sans préciser lequel. À mon avis, ce sont de faux médecins.

Belo fait aussitôt appeler le docteur Paul Hattand pour le mettre au courant.

– C'est bien moi qui ai opéré Ratus, dit-il. Je

ne connais pas les deux hommes dont vous parlez. Ils ne peuvent pas être médecins ! Leur histoire d'intestin ne tient pas debout.

– Vous n'avez pas une idée de l'endroit où ils ont pu aller ? demande Victor.

– Aucune, répond Paul Hattand, hélas ! Mais comme ils ont emmené Ratus dans son lit, ils sont probablement quelque part dans l'hôpital.

À la fin de la journée, on ne sait toujours pas où est le rat vert. Mamie Ratus a ramené Marou et Mina chez eux. Belo et Victor ont établi leur quartier général dans la chambre numéro 7.

Tous les renseignements qu'ils ont recueillis laissent à penser que Ratus est toujours dans l'hôpital, puisque son lit n'a pas été retrouvé et que personne n'a aperçu les deux débutants près de la sortie. Par contre, Aldo, le pousseur de chariots, a vu l'un des deux hommes près du distributeur de boissons. Et, d'après lui, l'individu est reparti en direction du service de psychiatrie. 19

– J'ai un plan, dit Victor. J'enfonce la porte de ce service, on cherche Ratus, on le trouve et on le ramène.

Le docteur Paul Hattand proteste :

– Non, ça ne se fait pas ! J'ai une cousine psychiatre qui travaille ici. Elle va nous aider.

Il compose son numéro de téléphone. C'est un message qui répond :

« *Coucou ! C'est la reine de Prusse ! J'suis pas là, j'suis après le bip sonore. Installez-vous sur le divan et parlez…* »

– Ce n'est pas sa voix, dit le médecin. J'ai dû me tromper de numéro.

Il le compose une seconde fois. Après deux sonneries, il entend à nouveau la reine de Prusse ! La conclusion s'impose : les faux médecins ont modifié le répondeur de la psychiatre. Cela signifie donc qu'ils sont entrés dans son bureau…

– Non seulement ils ont enlevé Ratus, dit Belo, mais ils ont dû s'en prendre aussi à votre cousine.

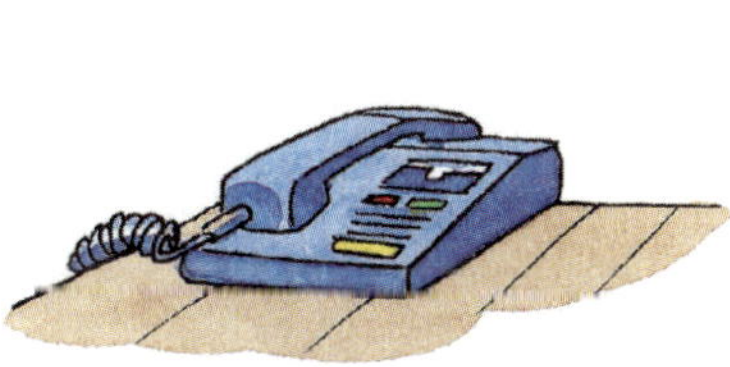

# 11

*Où Victor part à la recherche de Ratus*

La nuit est tombée. Belo, Victor et le médecin se dirigent vers le service de psychiatrie. Ils entrent sans difficulté dans le couloir qui mène au bureau de l'infirmière-chef. En principe, il devrait y avoir quelqu'un, l'infirmière elle-même ou une remplaçante. Mais il n'y a personne ! Au bout du couloir, une double porte vitrée permet d'accéder aux chambres des malades : elle est fermée à clé et bloquée par des meubles bas qui ont été placés de façon qu'on ne puisse pas entrer en force.

– Ça, alors ! fait le médecin. C'est incroyable, ils se sont barricadés.

Comme Victor aime beaucoup regarder des films d'action à la télévision, il passe en revue tout ce qu'il a vu faire par ses héros préférés.

– Il n'y a pas d'autre entrée ? demande-t-il.

– Non.

– Même par les toits ?

– Non.

– Et par les caves ?

– Non.

– On peut avoir un hélicoptère ?

– Vous plaisantez ! Je n'arrive même pas à m'acheter des bistouris de bonne qualité, alors vous pensez, un hélicoptère !

Victor se rend à l'évidence : on ne peut pas entrer dans le service où est sans doute enfermé Ratus.

Le bâtiment semble désert. De longues minutes s'écoulent. Chacun réfléchit. Belo pense tout à coup à quelque chose qui l'avait intrigué, le premier jour :

– J'ai vu du matériel de construction dans l'hôpital.

– En effet, répond le médecin. Comme on manque de place, on aménage les greniers pour en faire des chambres.

Victor entrevoit une solution possible :

– Et le service de psychiatrie est concerné par les travaux, comme les autres ?

– Je pense, oui…

Ils sortent et contournent le bâtiment. À l'arrière, ils voient du matériel entreposé : barres d'échafaudage, échelles, moellons, bétonnière et même de vieux châssis de fenêtres… Victor lève les yeux.

– Regardez là-haut ! Les anciennes fenêtres ont été enlevées et n'ont pas encore été remplacées. On peut entrer par là !

– C'est au troisième étage, fait remarquer Belo. Ça ne va pas être facile.

Victor balaie l'objection d'un haussement d'épaules. Il a trouvé une grande échelle coulissante et la plaque contre le mur.

– C'est un peu juste, constate-t-il. Il manque deux mètres pour atteindre la fenêtre.

Il montre une corniche décorative qui court le long des façades et réfléchit à haute voix :

– Si je lance une corde… je prends mon élan… je saute, je m'agrippe, je me rétablis…

– Arrête de vouloir faire l'acrobate, lui dit Belo. C'est dangereux.

Victor se rend compte que son idée est irréalisable. Déçu, il abandonne. Il se voyait pourtant bien escalader une façade pour sauver Ratus comme font les héros de cinéma !

Mais Belo a remarqué une palette de moellons. Il demande à Victor de l'aider à hisser l'échelle sur les moellons. Une fois celle-ci bien calée, Victor tire sur la corde pour en faire coulisser la partie supérieure. Maintenant, elle atteint le troisième étage. Victor met aussitôt les pieds sur les barreaux en disant :

– Suivez-moi !

– Pas question, dit Belo. Je suis trop vieux et j'ai le vertige.

– Euh… moi, je vous attends dans l'entrée, fait le médecin.

C'est ainsi que Victor grimpe seul à l'échelle, pénètre dans le bâtiment et constate que le troisième étage est bien un chantier. Il avance prudemment. Tout est désert. Pas de Ratus.

Par un vieil escalier en bois, il descend au deuxième étage et se retrouve dans un long couloir mal éclairé. Il se dirige en silence vers une porte vitrée qui laisse passer un peu de lumière. Elle s'ouvre sur une chambre aux lits vides. Victor en découvre d'autres, également vides de leurs occupants. Mais où sont donc passés les malades ?

Au premier étage, même constat : personne ! Tout semble abandonné… En découvrant l'étrangeté de la situation, Victor a presque peur. Son cœur se met à battre très fort et il sent sa poitrine se serrer. Pourquoi tous ces lits vides ?

Maintenant, il s'attend à ce que quelqu'un lui saute dessus et l'assomme. Au moment où il va pour s'engager dans l'escalier qui conduit au rez-de-chaussée, il entend un léger bruit derrière lui. Il se retourne brusquement, s'immobilise. Rien !

– Ratus ? souffle-t-il.

Il perçoit à nouveau un bruit sourd. Il a même l'impression d'avoir entendu un cri étouffé qui vient d'un placard. Il essaie d'en ouvrir la porte, mais elle est fermée à clé. Victor se dirige aussitôt vers une des pièces éclairées qui lui a semblé être le bureau des infirmières. Il y trouve ce qu'il cherchait : des clés. Il retourne vers le placard du couloir, l'ouvre sans peine et y découvre une femme pieds et poings liés, de larges bandes de ruban adhésif collées sur la bouche.

– Que s'est-il passé ? lui demande-t-il en la délivrant.

– Des fous furieux ! répond-elle. Ils sont deux.

– Qui êtes-vous ?

– Le docteur Lucile Hattand, psychiatre.

– Alors c'est vous la cousine ? fait Victor.

– La cousine de Paul, Charles et Anatole, oui.

– Et Ratus ? Où est-il ?

– Je ne sais pas.

Elle raconte que deux hommes sont arrivés cet après-midi dans son service, en prétendant qu'ils allaient dératiser l'hôpital.

– Vous les avez crus ? demande Victor.

– Oui, bien sûr. Ici, les bâtiments sont anciens et on doit régulièrement utiliser des traitements contre les rats, les cafards, les araignées… Quand ils sont revenus plus tard avec Ratus, j'ai eu des soupçons. J'ai voulu téléphoner, ils m'ont attachée, bâillonnée et enfermée dans le placard. Je les ai entendus dire à Ratus qu'ils voulaient le tuer.

– C'est peut-être déjà fait.

– Non, je ne crois pas. Ils ont parlé de minuit et de la pleine lune.

Victor regarde sa montre.

– Il reste à peine une demi-heure !

# 12

*Où Victor trouve Ratus et le sauve*

Victor conduit vite Lucile Hattand jusqu'au troisième étage, vers la fenêtre par où il est entré dans le bâtiment. Il lui montre Belo et le docteur Paul Hattand, en bas, au milieu des gravats du chantier. Il l'aide à poser les pieds sur l'échelle.

– Descendez, dit-il, et racontez-leur ce qui se passe pour qu'ils aillent chercher du secours. Moi, je vais au rez-de-chaussée m'occuper des deux cinglés qui ont kidnappé Ratus.

– Soyez prudent, dit la psychiatre. Pour endormir leur méfiance et les approcher plus facilement, vous devriez enfiler un pyjama de l'hôpital.

Victor trouve l'idée excellente. De retour au premier étage, il se rend dans la salle des infirmières et se transforme en malade :

« Habillé comme ça, se dit-il, je passerai inaperçu ! »

Une fois arrivé au rez-de-chaussée, il s'engage

dans un couloir bordé de chambres où quelques malades dorment profondément. Pas de trace de Ratus. Victor arrive dans une grande salle déserte, d'où l'on entend une émission de radio qui vient d'un poste sans doute situé dans une pièce du fond. Victor regarde sa montre : onze heures quarante.

« Il me reste vingt minutes, pense-t-il. Je dois faire vite pour trouver Ratus. »

Il se met à marcher d'un bon pas et à chanter :

– *Au clair d'la plein' lune*
*J'voudrais du sirop*
*Ou bien une piqûre*
*Car j'ai mal dans l'dos.*

Une porte s'ouvre brutalement. Victor se trouve nez à nez avec l'un des deux faux médecins. Il recommence aussitôt à chanter et termine par un sourire idiot.

– Qu'est-ce que tu fais là ? J'ai pourtant enfermé dans les caves tous les malades qui ne voulaient pas de somnifère.

Et Victor répond, toujours sur le même air :

– *J'étais aux toilettes*
*Je faisais pipi...*

*Quel dessin correspond à l'histoire ?*

Et tout en chantant, il s'est rapproché de la porte pour essayer de voir ce qu'il y a dans la pièce : il aperçoit le second faux médecin, mais pas de Ratus.

– *Je faisais pipi*
*J'veux aller au lit*... continue à chanter Victor.

– D'accord, d'accord, je t'y emmène. Mais tu avaleras un cachet.

– Oh, oui ! fait Victor avec un sourire niais.

Persuadé d'avoir affaire à un vrai malade qu'il sera facile d'endormir avec un somnifère, le faux médecin sort de la pièce en prévenant son collègue :

– Je vais coucher le chanteur.

Et il se dirige vers une chambre en faisant signe à Victor de le suivre. Celui-ci se met aussitôt à chanter :

– *Ne me quitte pas, ne me quitte pas*...

En accélérant le pas, Victor rejoint le faux médecin et le prend par la main, comme ferait un enfant. Au moment où l'autre s'y attend le moins, il lui tord le bras et l'assomme d'une manchette. Puis il retourne s'occuper du second faux médecin. En un rien de temps, celui-ci subit le même sort que son collègue et se retrouve avec lui dans un placard semblable à celui où était tout à l'heure enfermée le docteur Lucile Hattand.

– Maintenant, il faut que je trouve ce pauvre petit Ratus !

Victor fouille la pièce où se tenaient les deux hommes quand il leur a chanté *Au clair d'la plein' lune*, mais le rat vert n'est pas là. Il fouille en vain tout le rez-de-chaussée. C'est alors qu'il aperçoit une porte sans numéro. Il se précipite et l'ouvre. Elle donne sur un escalier qui descend et s'enfonce dans le noir : il doit conduire à la cave. Là, dans une pièce qui a dû autrefois servir à entreposer du charbon, il découvre Ratus ficelé à un pilier. Le rat vert est inconscient.

Victor le détache, le prend dans ses bras et l'emporte en lui murmurant à l'oreille :

– Mon pauvre petit Ratus, tiens bon. On va te soigner… Tiens bon…

– J'veux pas mourir… dit faiblement Ratus.

Victor pousse un gros soupir de soulagement. Ratus est vivant !

Au moment où ils arrivent au rez-de-chaussée, un grand vacarme se produit. Des policiers en armes surgissent de partout.

Ratus est immédiatement pris en charge par

le docteur Paul Hattand, tandis que Belo se précipite vers son ami.

– Bravo, mon cher Victor ! Tu as sauvé notre Ratus.

– Il m'a sauvée aussi, dit Lucile Hattand en faisant une bise à Victor qui en rougit jusqu'au bout des oreilles.

Puis le héros conduit fièrement les policiers vers le placard où il a enfermé les deux kidnappeurs. Il ne reste plus qu'à délivrer les autres malades qui n'avaient pas voulu avaler de somnifère et que les deux bandits avaient entassés dans les caves du bâtiment.

# 13

*Où Ratus guérit et sort de l'hôpital*

Ratus a regagné sa chambre. Il a de nouveau sa perfusion et une infirmière ne le quitte plus. Il se remet lentement et raconte son aventure à son voisin qui est maintenant presque guéri.

– Ils disaient qu'un rat vert, ça ne devrait pas exister…

– Hélas ! soupire M. Tang, beaucoup d'hommes n'acceptent pas les différences. Je suis jaune, tu es vert, il est noir… C'est la conjugaison des couleurs qui fait pourtant toute la richesse de l'humanité.

Ratus regarde le vieil homme avec étonnement, puis il poursuit son idée :

– Ils avaient prévu de me faire monter sur le toit à minuit et de m'attacher à la cheminée. Ils voulaient me donner douze coups de couteau ! Ils disaient que c'était un sacrifice… Mais heureusement, Victor est venu me délivrer !

– Tu es un gentil petit, dit le vieux Chinois.

Je suis content de t'avoir rencontré.

Alors Ratus reprend son histoire, en la transformant un peu, bien sûr. Oh, pas de grand-chose, non ! Il ajoute un petit détail par-ci, un petit détail par-là, arrange légèrement la réalité. Tant et si bien qu'après l'avoir racontée à tout le monde, ce n'est plus la même histoire qu'au début. Il finit même par dire :

– Heureusement que je suis arrivé et que j'ai assommé les bandits. Autrement, ils allaient transformer Victor en saucisse de minuit avec leur grand couteau.

– Tu exagères, se contente de dire M. Tang. Il faudrait que tu prennes un peu de tisane de la sagesse. C'est un breuvage très efficace. Quand on en a bu, on ne dit plus de mensonges.

– Alors, je n'en ai pas besoin, affirme le rat vert.

Comme le vieil homme n'a pas l'air convaincu, Ratus ajoute pour lui faire plaisir :

– Mais votre tisane, donnez-m'en tout de même un petit peu. Moi, je ne dis jamais de mensonges. Mais Victor, c'est une autre histoire. Oh là là ! Il lui en faudrait des litres, de votre tisane…

– Je t'en enverrai par la poste. Pour Victor, bien

entendu… Mais toi, prends-en tout de même une petite tasse chaque soir avant de te coucher.

Une fois le vieil homme rentré chez lui, Ratus guérit à son tour et un matin, les frères Hattand viennent lui annoncer une bonne nouvelle.

– Tu peux partir cet après-midi, dit Paul.

– Dans huit jours, tu reviendras pour une visite de contrôle, ajoute Anatole.

– Heureusement que tu étais dans le meilleur hôpital ! conclut Charles en se grattant le nez.

Une heure plus tard, Belo et Victor sont là, prêts à affronter les services administratifs pour pouvoir ramener Ratus chez lui.

– C'est que je n'ai même pas encore pu l'inscrire, déclare Belo. Le responsable des urgences n'est jamais là !

– Je vais avec toi, dit Victor. À tous les deux, je suis sûr qu'on y arrivera.

Et ils se dirigent vers le bureau d'accueil.

– C'est pour une sortie, dit Belo. Mais c'est aussi pour une entrée puisque le malade n'a pas encore été inscrit.

– Ça, c'est pas possible, ricane la secrétaire. On ne peut pas sortir si on n'est pas entré !

Comme Belo insiste, elle se fâche :

– C'est pourtant facile à comprendre : on ne peut pas sortir de l'hôpital un malade qui n'y est pas entré. C'est clair, non ?

– D'accord, il n'y est pas entré, dit Belo. Mais il est dans l'hôpital. Il y a même été opéré !

– Vous me racontez des histoires ! Il n'a pas pu être opéré puisqu'il n'est pas entré.

Victor perd patience :

– Si je comprends bien, Ratus n'est pas à l'hôpital ?

– C'est évident ! répond-elle. On ne peut pas vous facturer le séjour de quelqu'un qui n'existe pas dans notre ordinateur.

Lassés par ce dialogue de fous, Victor et Belo tournent les talons, vont chercher Ratus et le ramènent chez lui.

# 14

*Où Mamie Ratus a failli trouver un mari*

Quelques jours plus tard, Belo fête la guérison de Ratus. Il a invité ses amis pour un goûter dans son jardin. Il a dressé un buffet sur lequel sont disposés des gâteaux : il y en a des roses en l'honneur de Mina, des bleus en l'honneur de Marou et des verts en l'honneur de Ratus. Victor est là, bien sûr, mais aussi M. Tang, les médecins de l'hôpital, les infirmiers, les pompiers et les gendarmes, bref tous ceux qui, à un moment ou à un autre, ont aidé le rat vert.

Mamie Ratus a accepté l'invitation quand Belo lui a dit que les frères Hattand viendraient.

– Ils feraient de bons maris tous les trois, mais je ne peux vraiment pas épouser les trois à la fois. Trois, ça fait beaucoup. Et c'est interdit…

Elle réfléchit et élimine Charles.

– Vous comprenez, dit-elle à Belo, Ratus m'a dit qu'il se gratte le nez. J'ai horreur de ça et je passerais mon temps à lui taper sur les doigts.

– Paul est très bien, dit le grand-père chat, amusé par la situation. C'est lui qui a opéré Ratus et qui nous a aidés à le retrouver.

– Oui, peut-être, fait Mamie Ratus. Mais Anatole est plus vieux. Il doit donc être plus riche. Et un mari riche, c'est mieux qu'un mari moins riche.

– Il n'est pas trop vieux ? demande Belo.

– Au contraire, répond Mamie Ratus. Il durera moins longtemps !

Ayant ainsi fixé son choix sur Anatole Hattand, elle s'approche de lui et lui tient des propos aimables sur la pluie et le beau temps. Le vieux médecin l'observe attentivement, puis, son diagnostic établi, lui sussure à l'oreille : 21

– Vous avez un teint de pêche, ma chère madame. Mais pour vous être agréable, je pourrais faire disparaître les quelques rides que l'on voit naître sur votre visage harmonieux.

« Oh ! que c'est bien dit, pense Mamie Ratus. Il est chirurgien, et en plus, il est poète. »

Anatole continue ses compliments intéressés, tout en mangeant de la tarte à la crème dans laquelle Mamie Ratus se contente de tremper le

*Que propose le docteur Anatole Hattand à Mamie Ratus ?*

bout du doigt, histoire de faire honneur à Belo tout en respectant son régime.

– Regarde ma grand-mère ! dit Ratus à Marou. On dirait qu'elle veut épouser un chirurgien. Tu crois qu'elle a une *paire tonique*, elle aussi ?

Le rat vert se dirige vers elle et demande d'un ton faussement innocent :

– Tu veux te faire opérer, Mamie ?

– Opérer ? s'étonne la grand-mère. Opérer quoi ?

– Opérer n'est pas le mot juste, explique le vieil Anatole. Il faudrait dire… retendre la peau du visage. Toutes vos rides disparaîtraient et vous retrouveriez un teint de jeune fille ! On pourrait même profiter de l'intervention pour réduire un peu votre museau qui est trop long
et disgracieux. On en profiterait aussi pour 22
redécouper vos oreilles et les diminuer de taille, car elles font davantage penser à un éléphant d'Afrique qu'à une charmante vieille dame.

Mamie Ratus s'étouffe maintenant d'indignation. Elle regarde fixement Anatole Hattand sans réussir à émettre le moindre son. Ainsi, ce vieil idiot n'était pas un galant homme. Il voulait seulement l'opérer ! De la chirurgie esthétique ! À elle, qui se trouve encore si belle pour son âge !

Elle saisit une tarte bien crémeuse et l'écrase sur le visage du vieil Anatole qui, la première surprise passée, se met dans une colère terrible :

– Qu'est-ce que c'est que cette vieille chouette au museau plus ridé que le cerveau !

À ces mots, Mamie Ratus se rue sur le pauvre médecin et tambourine sur son crâne chauve.

– Puisque c'est comme ça, dit-elle, j'épouserai un pompier.

Devant le danger, les pompiers disparaissent aussitôt, et les gendarmes aussi, et les infirmiers…

– Ils s'en vont tous ! dit Ratus à Marou et à Mina. On va manger tous les gâteaux !

– Et Victor, demande Belo, où est-il ?

Ratus se met à hurler de toutes ses forces.

– Viii-ctor ! Viii-ctor !

– Je suis là ! répond une voix venant du jardin de Ratus.

Effectivement, Victor est devant le cactus du rat vert, en compagnie du docteur Lucile Hattand.

– Il est avec la psychiatre, crie Ratus en direction de Belo. Il se fait soigner !

Victor, furieux, meurt d'envie de corriger l'insolent, mais il est obligé de se retenir.

– Pas du tout, fait-il. Je demandais juste à

Lucile… euh… à une spécialiste, comment s'appelait la maladie de celui qui a une seule plante dans son jardin, et en plus un cactus !

– Mon cactus, c'est pas ton problème, réplique Ratus.

Et il ajoute :

– On va manger tous les gâteaux avec Marou, Mina et Belo. Si tu en veux, tu as intérêt à te dépêcher…

– On arrive ! fait Victor en entraînant Lucile Hattand par la main.

Et ils rejoignent les joyeux compères devant le buffet pour commencer le plus pantagruélique 23
repas de desserts qui ait jamais été mangé à Villeratus.

1
un **électrocardiogramme**
Examen médical pour vérifier si le cœur fonctionne bien.

une **scanographie**
Examen médical au moyen d'un scanner pour observer l'intérieur du corps sur un écran.

2
une **gargouilloscopie**
Examen qui n'existe pas. (Mot inventé.)

3
un **ton sentencieux**
Ton de celui qui parle comme s'il faisait une leçon.

4
un **ton patelin**
Ton mielleux de quelqu'un qui veut tromper.

5
**hypnotisé**
Qui regarde fixement, sans bouger, comme si le reste n'existait pas.

6
**antique**
Très vieux.

7
une roue **voilée**
Roue légèrement tordue.

8
**ingurgiter**
Avaler vite une grande quantité.

9
une **mixture**
Mélange bizarre.

10
l'**anxiété**
Sentiment de peur, d'angoisse.

11
prendre la **tension**
Mesurer la pression du sang, sa force.

mesurer le **pouls**
Compter le nombre de battements d'une artère en une minute.

12
**palper**
Examiner en touchant avec les doigts.

13
**judicieusement**
De façon intelligente.

14
**assoupi**
À demi endormi.

15
par **perfusion**
En injectant goutte à goutte un liquide dans une veine.

16
un effet **euphorisant**
Qui fait que l'on se sent bien.

17
un **air dubitatif**
Qui montre le doute.

18
un **interne**
Étudiant en médecine dans un hôpital.

19
la **psychiatrie**
Partie de la médecine qui s'occupe des maladies mentales.

20
**inconscient**
Qui a perdu conscience, comme évanoui.

21
un **diagnostic**
(*diag-nos-tic*)
Le fait de trouver la maladie qui correspond à des symptômes.

**susurrer**
Murmurer doucement.

22
**disgracieux**
Laid, sans grâce.

23
**pantagruélique**
Digne du géant Pantagruel, qui avait un énorme appétit.

## Les aventures du rat vert

- 1 Le robot de Ratus
- 3 Les champignons de Ratus
- 6 Ratus raconte ses vacances
- 8 Ratus et la télévision
- 15 Ratus se déguise
- 19 Les mensonges de Ratus
- 21 Ratus écrit un livre
- 23 L'anniversaire de Ratus
- 26 Ratus à l'école du cirque
- 29 Ratus et le sapin-cactus
- 36 Ratus et le poisson-fou
- 40 Ratus et les puces savantes
- 1 Ratus chez le coiffeur
- 2 Ratus et les lapins
- 9 Ratus aux sports d'hiver
- 13 Ratus pique-nique
- 23 Ratus sur la route des vacances
- 27 La grosse bêtise de Ratus
- 38 Ratus chez les robots
- 41 Ratus à la ferme
- 8 La classe de Ratus en voyage
- 12 Ratus en Afrique
- 16 Ratus et l'étrange maîtresse
- 26 Ratus à l'hôpital
- 29 Ratus et la petite princesse
- 31 Ratus et le sorcier
- 33 Ratus gardien de zoo

## Les aventures de Mamie Ratus

- 7 Le cadeau de Mamie Ratus
- 39 Noël chez Mamie Ratus
- 3 Les parapluies de Mamie Ratus
- 8 La visite de Mamie Ratus
- 31 Le secret de Mamie Ratus
- 5 Les fantômes de Mamie Ratus

## Ralette, drôle de chipie

- 10 Ralette au feu d'artifice
- 11 Ralette fait des crêpes
- 13 Ralette fait du camping
- 18 Ralette fait du judo
- 22 La cachette de Ralette
- 24 Une surprise pour Ralette
- 28 Le poney de Ralette
- 38 Ralette, reine du carnaval
- 4 Ralette n'a peur de rien
- 6 Mais où est Ralette ?
- 20 Ralette et les tableaux rigolos
- 44 Les amoureux de Ralette
- 11 Ralette au bord de la mer
- 34 Ralette et l'os de dinosaure

Collection Ratus Poche

## *Les histoires de toujours*

- 27 Icare, l'homme-oiseau
- 32 Les aventures du chat botté
- 35 Les moutons de Panurge
- 37 Le malin petit tailleur
- 41 Histoires et proverbes d'animaux
- 26 Le cheval de Troie
- 32 Arthur et l'enchanteur Merlin
- 36 Gargantua et les cloches de Notre-Dame
- 43 La légende des santons de Provence
- 21 L'extraordinaire voyage d'Ulysse
- 27 Robin des Bois, prince de la forêt
- 36 Les douze travaux d'Hercule
- 40 Les folles aventures de Don Quichotte

## Super-Mamie et la forêt interdite

- 39 Super-Mamie, maîtresse magique
- 42 Au secours, Super-Mamie !
- 45 Super-Mamie et la machine à rétrécir
- 37 Le mariage de Super-Mamie
- 39 Super-Mamie s'en va-t-en guerre !

## L'école de Mme Bégonia

- 11 Drôle de maîtresse
- 14 Au secours, le maître est fou !
- 16 Le tableau magique
- 25 Un voleur à l'école
- 33 Un chien à l'école

## La classe de 6e

- 14 La classe de 6e et les hommes préhistoriques
- 17 La classe de 6e tourne un film
- 24 La classe de 6e au Futuroscope
- 30 La classe de 6e découvre l'Europe
- 35 La classe de 6e et les extraterrestres

## Achille, le robot de l'espace

- 31 Les monstres de l'espace
- 33 Attaque dans l'espace
- 34 Les pirates de l'espace
- 19 Les pièges de la cité fantôme

Collection Ratus Poche

## Baptiste et Clara

- 30 Baptiste et le requin
- 35 Baptiste et Clara contre le vampire
- 37 Baptiste et Clara contre le fantôme
- 40 Clara et la robe de ses rêves
- 22 Baptiste et Clara contre l'homme masqué
- 32 Baptiste et le complot du cimetière
- 38 Clara superstar
- 41 Clara et le garçon du cirque

## Les enquêtes de Mistouflette

- 9 Mistouflette et le trésor du tilleul
- 30 Mistouflette sauve les poissons
- 34 Mistouflette et les chasseurs
- 5 Mistouflette et les tourterelles en danger
- 24 Mistouflette enquête au pays des oliviers
- 1 Mistouflette contre les voleurs de chiens
- 7 Mistouflette et la plante mystérieuse

## Hors séries

- 2 Tico fait du vélo
- 4 Tico aime les flaques d'eau
- 5 Sino et Fanfan au cinéma
- 12 Le bonhomme qui souffle le vent
- 25 Sino fête son anniversaire
- 7 Mon copain le monstre
- 19 Le petit dragon qui toussait
- 28 Nina et le vampire
- 2 Les malheurs d'un pâtissier
- 3 Karim et l'oiseau blanc
- 4 Timothée et le dragon chinois
- 6 Le facteur tête en l'air
- 9 Romain, graine de champion
- 10 Le trésor des trois marchands
- 15 Une nuit avec les dinosaures

Conception graphique couverture : Pouty Design
Conception graphique intérieur : Jean Yves Grall • mise en page : Atelier JMH

Imprimé en France par Pollina, 84500 Luçon - n° L92355
Dépôt légal n° 42471 - février 2004